LES BIENFAITS

DE LA

RÉPUBLIQUE

PAR J***

(Droits réservés)

BAR-LE-DUC

IMPRIMERIE L. PHILIPONA

LES
BIENFAITS DE LA RÉPUBLIQUE

Promettre et tenir sont deux.

Voici onze ans bientôt que nous avons le bonheur d'être en république.

Dès les premiers jours, nos maîtres nous avaient fait mille belles promesses ; il est temps de voir comment ils les ont tenues. Amère dérision ! il ne nous reste rien que des paroles sonores et trompeuses.

Oh ! l'admirable gouvernement !

Né de l'union éphémère des libéraux et des radicaux, sous les yeux épouvantés de la Prusse, en face du rire moqueur du comte de Bismark, au milieu des ruines de la patrie ; proclamé par une poignée d'ambitieux, qu'une populace en délire avait poussés en cet hôtel de ville de Paris incendié peu de mois après ; il s'est emparé de la France comme d'un être inerte qu'une immense douleur privait de sentiment. Heure fatale, dont nous subissons toutes les redoutables conséquences.

La révolution du 4 septembre, comme toutes ses devancières, ne pouvait vivre qu'en dupant le pays.

Elle a promis beaucoup ; elle a promis la paix, la prospérité, la liberté, le respect de la religion, l'égalité devant les charges, la fin des révolutions. Mais que nous a-t-elle donné jusqu'ici ? et que nous donnera-t-elle dans l'avenir ?

La réponse à cette question est dans les pages qu'on va lire.

La République c'est la paix.

Il n'y paraissait guère en 1871. Qui donc, après Sedan, a voulu continuer une campagne désormais impossible ?

Qui donc a mis l'Assemblée nationale dans l'horrible nécessité de ratifier les clauses du traité de paix avec l'Allemagne, si ce n'est ce fou et criminel ambitieux qui, de pauvre avocat des brasseries du quartier latin, est devenu le ventripotent millionnaire que Trompette nourrit?

Ouvriers, paysans, bourgeois ou marchands, vous aimez la paix. Ne l'avez-vous pas proclamé assez haut en février 1871, lorsque vous alliez au chef-lieu de votre canton, malgré les obstacles accumulés, voter contre les traîneurs de sabres et les commissaires, se disant chargés de la défense nationale ?

Il était temps que le sang des ruraux et des fils de famille cessât de couler pour la patrie, que le délégué à la guerre pût s'arrêter dans sa fuite devant l'envahisseur, que les préfets cachés dans leurs somptueux hôtels pussent reprendre leurs sens, et qu'enfin l'armée du brave Bourbaki apprît à son tour que la guerre était terminée.

Il fallait les voir et les entendre, ces héros de salons, réclamant encore la guerre à outrance et s'animant loin du danger, au chant de la Marseillaise!

Ah ! les cyniques farceurs !

Electeurs de 1871, la paix vous fut rendue malgré ces hommes néfastes qui vous disent aujourd'hui : « La République c'est la paix. » Alors seulement vous avez compté vos morts, payé les marchés de la Défense dite nationale, sans réclamer un contrôle qu'on est toujours en droit d'exiger ; vous avez souscrit à l'emprunt qui devait éloigner votre impitoyable vainqueur et, sans murmurer, vous avez accepté tous les nouveaux impôts.

Et vous, travailleurs, vous avez demandé à la terre des moissons plus abondantes, à vos usines des produits plus considérables ; vous avez donné votre temps, votre intelligence, souhaitant du fond de l'âme que cette épreuve fût la dernière, et demandant au ciel de relever votre patrie.

Mais voici que l'horizon s'assombrit de nouveau. Le président du palais Bourbon rêve des lauriers pour couronner la tête du César qui s'apprête à jeter le masque.

Le voyage de Cherbourg a été le premier coup de clairon : M. de Freycinet est tombé pour avoir riposté à Montauban ; la mission Thomassin a été un second essai ; la visite du roi de Grèce un nouveau pas vers l'imprévu. La lutte est entre M. Grévy et M. Gambetta ; encore quelques mois et la guerre suivra le plébiscite de la paix.

Sera-ce la question d'Orient qui surgira de nouveau à l'heure voulue, au risque de mettre le feu à l'Europe suivant la prédiction de M. Barthélemy-Saint-Hilaire ?

Faut-il regarder du côté de Tunis où l'Italie, dont nous avons fait l'unité, nous suscite des embarras, et y voir la menace d'un soulèvement des Arabes au moment où nos armées seraient retenues sur d'autres champs de bataille ? Nous devons redouter tous les incidents et prendre bien garde d'en faire naître un seul, car l'Europe nous surveille de très près. Malheur à l'imprudent qui tenterait, sans alliances et sans un motif d'une extrême gravité, de briser trop tôt les traités imposés à la suite de nos revers, en sortant d'une réserve commandée par la forme même du gouvernement !

Mais que penser alors des transports de munitions et d'armes au profit d'un peuple prêt à faire la guerre ?

Comment expliquer la présence, dans tous nos ports, de caisses, de barils, de wagons remplis d'armes et de cartouches à destination de la Grèce, sans que le ministère ait songé à s'émouvoir et à l'interdire ?

La Chambre venait de répondre à la communication du livre jaune français, en acclamant par un vote unanime une politique de paix. C'était le 22 février dernier. Une interpellation fut alors ménagée au gouvernement, pour s'expliquer sur l'omission de dépêches très importantes insérées dans le livre bleu anglais.

Déjà une première fois, l'opinion publique, tenue en éveil sur les menées de M. Gambetta, avait surpris les projets de cet ambitieux, et avait contraint le gouvernement de revenir sur sa détermination d'envoyer en Grèce une mission et des armes ; mais le Génois veut bien tout ce qu'il veut, et les marchés se concluaient et s'éxécutaient sans bruit, par les soins de la maison Heilbronner de Paris.

Les 15, 16, 17 et 18 février, des trains comptant ensemble plus de 80 wagons chargés de cartouches étaient expédiés de Vincennes à destination du Hâvre.

25 millions de cartouches à raison de 20 fr. le mille (!), disait-on, auraient été expédiés de la sorte.

On apprenait également que 50.000 excellents chassepots sortis de nos arsenaux avaient été dirigés sur le Pirée par la même maison Heilbronner, et que ces mêmes armes avaient été refusées à une autre maison qui les voulait acheter pour le compte des Turcs.

En même temps, on signalait l'arrivée en gare de Marseille de 40 voitures d'ambulance destinées au gouvernement grec et expédiées de Lyon par M. Faurox, carrossier.

Les 19 et 20 février, une grande quantité de caisses portant l'adresse de la maison Heilbronner et sortant du Fort-Rabot étaient expédiées à Toulon. Elles contenaient 7.000 chassepots, modèle de 1866.

Vers la même date on remarquait la présence à Dunkerque de 3.000 caisses de cartouches, de 6 à 700 petits barils contenant aussi des cartouches ; ces munitions devaient provenir des arsenaux du Nord. Toutes ces armes, toutes ces munitions traversaient la France en vertu d'autorisations régulières délivrées, dans les départements par les préfets et à Paris par le Préfet de Police, tout comme en 1870 ; avec cette différence essentielle qu'il ne s'agissait plus d'équiper et d'armer des Français défendant leur patrie, mais d'organiser une armée étrangère, au risque évident de compromettre la sécurité de la France.

A qui fallait-il faire remonter la responsabilité de pareilles imprudences ? Un nom était sur toutes les lèvres ; on accusait tout haut le Président de la Chambre.

Ici le grand comédien va se retrouver.

Avant que les députés de la Droite aient eu le temps de porter à la tribune les griefs du pays, M. Gambetta a préparé son entrée en scène. Il descend à la tribune, tout bouillant d'une émotion chauffée au degré voulu. Il proteste, il jure que, *foi de Génois*, il n'est point le coupable, qu'on le calomnie depuis trop longtemps, qu'il se doit enfin à lui-même une justification publique ; que la vérité, c'est que jamais il n'a songé à imprimer une direction à la politique du gouvernement ; qu'en dehors de ses fonctions, il ne voit personne ; qu'il ne lit aucun journal, qu'il ne parle à âme qui vive, qu'il ne sait rien de ce qui se passe... Figurez-vous que M. Waddington a pris part malgré lui, Gambetta, au congrès de Berlin ! — Et la mission Thomassin ? Il l'a apprise par hasard, de cet officier, qui lui dit un jour : « Je devais aller en Grèce... et je n'y vais plus. » (Séance et discours du 12 février 1881.)

Vraiment ?... Le pauvre innocent !

Ces sornettes ont été bêtement applaudies par trois cents députés de la Gauche, qui se fâcheraient tout rouge, si l'on s'avisait de ne pas les prendre pour de grands politiques.

La Droite, cependant, n'a pu cacher le dégoût que lui inspirait l'impudence de son Président. Elle s'est permis de rire de ces contre-vérités. — « Rira bien, qui rira le dernier ! » s'est alors écrié M. Gambetta ; et s'oubliant dans un moment de colère, il a déchiré de ses propres mains le voile déjà trop transparent, dont il essayait, jusqu'à ce jour, de couvrir ses projets et ses plans.

Lisez et retenez bien, lecteurs, ces paroles compromettantes : « *C'est le gouvernement seul, qui, dans sa pleine liberté, a conduit la politique étrangère* (Politique de paix). — *Je n'ai pas à dire si j'en ai une autre.* — (Ah ! il l'avoue donc. Et quelle pourrait être cette autre politique, sinon une politique de guerre ?) — *J'ai mes sentiments, mes opinions ; je saurai attendre.* » — Et plus loin : « *Cette réserve je me l'imposerai jusqu'au jour où il conviendra à mon pays de me désigner nettement pour remplir un autre rôle.* » (Même discours).

Ainsi nous voilà bien avertis, et nous nous souviendrons ! M. Gambetta pose sa candidature au gouvernement suprême de la France. La présidence de la Chambre lui semble un poste trop modeste, l'influence occulte ne lui suffit plus, il rêve *un autre rôle*. Et il veut bien qu'on sache que, du jour où le pays l'aura désigné nettement pour remplir cet autre rôle, sa politique extérieure ne sera peut-être pas conforme à celle du ministère actuel. *Il a ses sentiments, ses opinions, il saura attendre !*

Mais pourquoi, direz-vous, voudrait-il la guerre ? Quel intérêt pourrait-il avoir à la déclarer, à y entraîner la France ? — Le même qui lui faisait, en 1870, souhaiter et mener la guerre à outrance : la soif de la dictature. — M. Gambetta dédaigne évidemment la succession modeste de M. Grévy. La constitution actuelle ne lui paraît pas donner au chef de l'Etat une puissance personnelle assez vaste, ni surtout assez durable. Après avoir mis tant de soins depuis dix ans au lent échafaudage de sa puissance, il ne se résignera pas à le voir s'effondrer en un jour. A cinquante ans, après sept ans de pouvoir présidentiel, être condamné tout à coup à l'effacement, à l'inaction, c'est une trop triste perspective qui découragerait d'avance l'ambition de M. Gambetta.

Ce qu'il faut à cet homme, c'est une présidence définitive, c'est un protectorat sans bornes, une manière de consulat à vie ! Mais comment l'obtenir ? La victoire peut seule lui donner cette palme ; et nous sommes ainsi ramenés à la guerre, comme au point de départ nécessaire et à la condition essentielle de la dictacture rêvée par le futur Président.

Instruit à l'école de Napoléon III, M. Gambetta sait que le peuple est indulgent aux despotes couronnés de gloire. Dans l'espoir de réaliser ses projets égoïstes, il ne craindra pas d'engager la fortune de la France. « Il aime son pays jusqu'à la mort »... des autres !

Méfiez-vous donc des professions de foi des républicains. Toutes vous annonceront la paix, toutes vous en loueront les bienfaits. Et gare au lendemain ! Gambetta, c'est la guerre !

Ce serait non moins fatalement la guerre, si, pour échapper au dictateur, vous nommiez des radicaux. Ceux-ci ne la veulent pas, sans doute ; mais contre eux toute l'Europe, l'Allemagne en tête, se lèverait certainement, ne voulant point souffrir à ses portes le désordre social et la contagion du mal.

Et que serait cette guerre ? Je n'ai pas besoin de le dire, elle trouverait la France moins prête qu'en 1870.

Où sont les cadres sérieux, après les révocations et les disgrâces de tant d'officiers capables ? qui commandera, avec nos divisions politiques et religieuses, résultat nécessaire de l'intolérance et de la stupidité du gouvernement ? Comment obtenir des héros et des dévoûments obscurs, fruits de la discipline et de l'idée du devoir, avec des hommes imbus des principes d'indépendance absolue, éloignés de la religion, chercheurs d'or et de jouissances, sensibles à l'intérêt seul ?

Que Dieu écarte longtemps encore le fléau de la guerre, et qu'il relève les courages endormis ! Mais, s'il entre dans ses desseins de nous humilier de nouveau, il n'a qu'à laisser déclarer la guerre ; nous assisterons au plus lamentable de tous les spectacles.

M. le général Farre n'aura pas préparé la victoire, mais la déroute, en ruinant l'armée pendant la paix.

La République ouvre l'ère de prospérité.

Le croyez-vous encore ?

Tous les ans, les excédents budgétaires dépassent les prévisions, et la dette publique augmente à chaque exercice. Les salaires des ouvriers tendent continuellement à s'élever; et cependant, la misère ne fut jamais plus grande. La République a été faite par les ouvriers, qui pensaient en profiter pour régler la question sociale et économique; et la question ouvrière est plus brûlante que jamais.

Les congrès ouvriers et les grèves ne résolvent rien, mais dénotent un mal profond.

Le pain, la viande, le vêtement n'ont pas diminué de prix; et par contre, l'importation est tellement considérable, que le blé, les bestiaux, la laine, le coton, les cuirs, etc... sont vendus par les producteurs français à des prix tout à fait inférieurs.

Les gros traitements et la liste civile ont contribué à amener la révolution ; et cependant la République dépense de ce chef plusieurs millions de plus que l'Empire, et des centaines de millions de plus que la monarchie.

L'administration de l'Assistance publique s'est emparée de toutes les fondations qu'elle a pu saisir ; elle a chassé la charité comme cléricale pour la remplacer par la philanthropie ; et, de mémoire d'homme compétent, l'assistance publique n'a jamais été si dénuée de ressources et de moyens de soulagement.

Les études des notaires sont emcombrées d'affiches de terres à vendre ou à louer, et les amateurs n'offrent que la moitié du prix de l'évaluation de 1870. Il suffit de consulter les receveurs des communes pour se convaincre que les biens communaux sont loués plus d'un tiers en moins que dans les précédentes adjudications.

L'industrie sucrière, après des réclamations très vives, a obtenu une diminution d'impôts : vous ne trouverez pas une fabrique de sucres qui ait réalisé des bénéfices raisonnables en 1880.

Supputez le nombre des liquidations forcées et des faillites, et vous serez effrayés des ruines qui s'accumulent.

On dit bien qu'il se fait de brillantes affaires de bourse et de banque, que l'agiotage est à son comble, que M. L. Say sait faire et défaire une conversion, que M. Grévy améliore sa position et arrondit sa terre de Mont-sous-Vaudrey. Plusieurs croient volontiers qu'on ne peut plus faire sa fortune que chez les agents de change, et vous disent sérieusement que le temps de l'agriculture est passé, qu'il faut un autre emploi des facultés et des capitaux.

Je m'adresse aux ouvriers et aux cultivateurs, et je leur demande si pareille théorie mérite une réponse.

J'estime plus intelligents l'artisan et le laboureur qui gagnent leur pain à la sueur de leur front, que le stupide bourgeois qui achète des valeurs véreuses prônées par les journaux financiers et qui tente la fortune sur un coup de dé.

Revenons à nos moutons et à notre proposition : de bonne foi, où trouvez-vous l'ère de prospérité ?

Est-ce à la campagne, où tous économisent ? Est-ce au bourg, où le paysan achète moins et pour cause ? Est-ce à la ville, où plus d'un genre de commerce est obligé de restreindre ses achats et ses ventes, et ne peut plus vivre qu'au comptant ?

Et puis, les nouveaux fonctionnaires ne sont pas riches; ils ont besoin de se créer des rentes... adieu les soirées, les bals, les fêtes !

Nos préfets et sous-préfets trouvent moyen de s'aliéner les personnes considérables et considérées; si bien que toute la société des villes demeure enfermée, sans songer à donner aucune fête.

Est-ce tout ? — Non pas.

Nous allons compter, si vous le voulez bien, tous les fléaux qui nous atteignent, depuis que la République est aux mains des vrais républicains.

Les inondations nous surprennent chaque année, soit en hiver, soit en été ; les plaintes sont universelles et aboutissent à l'étude de projets qui ne se réalisent jamais.

On prétend bien que des millions attendent patiemment qu'on les convertisse en canaux et travaux de dessèchement; les ouvriers comptent chaque jour recevoir l'ordre de commencer ; mais messieurs les ingénieurs sont perdus dans leurs innombrables dossiers et plans. Qui sait ? ces hommes d'études sont peut-être plus à plaindre qu'à blâmer; ils servent de machines électorales, fonctionnant très régulièrement d'une élection à l'autre, et personne n'ignore que l'on vote souvent en France.

Si nous avons tant d'eau..., cela tient évidemment à la disette de vin, et le grand coupable est le phylloxera. Ce petit insecte est l'antipode de la République : il se cache sous terre et gagne considérablement de terrain, tandis que la République superbe en perd tous les jours. Malgré sa modestie, ce vilain insecte est un terrible fléau, que la science est impuissante à combattre.

Un seul remède a été découvert et je vous le donne à deviner : c'est le mouillage, préconisé par le président du banquet des marchands de vins. — Eau sur la vigne, eau dans le vin détruit l'insecte et le..... vin.

Un illustre savant, chargé par l'Académie des sciences de faire un rapport sur le phylloxera, n'a pas craint de partager l'avis de braves vignerons et de dire à la docte assemblée que l'insecte dévastateur pourrait bien s'en aller comme il est venu, sur l'ordre de Dieu : c'est aussi mon avis, mais je dois déclarer en toute sincérité que ce ne sera pas du vivant de la République.

Avez-vous terminé, prophète de malheurs ? — Hélas ! non. Je ne prédis rien ; je fais le compte de l'ère de prospérité.

Ce n'est pas d'aujourd'hui qu'il gèle en hiver et qu'il tombe de la neige ; le froid qui vient en son temps est bien accueilli, et la neige est un petit engrais qui n'est pas à dédaigner. Vous avez tous souvenir de l'hiver 1870; mais vous ne pouvez vous rappeler un froid aussi cruel et aussi pernicieux que celui de l'hiver 1879-1880... Plus de pommiers, plus de noyers;... des poiriers gravement atteints, les sapins grillés, les chênes se fendant dans les forêts... de telle sorte que l'automne de 1880 a été employé à scier en bûches l'espoir et le profit de tous les fermiers et métayers.

Peu d'années auparavant, toujours sous la République, l'ouragan, impitoyable messager des colères célestes, renversait les maisons et les bois.

N'ouvrirez-vous pas les yeux, ouvriers et campagnards, et ne saurez-vous jamais signifier un congé en bonne forme à ce gouvernement, qui compte ses années d'existence par le nombre des malheurs qu'il fait fondre sur vous ?

Vous avez un bulletin de vote, sachez en comprendre l'importance; balayez ces députés impuissants à vous soulager, et qui ont inauguré l'ère de la souffrance.

« En République, plus de passe-droits ! »
« Les places sont aux plus dignes, et l'avancement est assuré au mérite. »

Permettez-moi d'en douter ! — Il n'y a qu'un fait certain. — Le voici.

Sous chaque gouvernement, le nombre des places lucratives augmente, et les traitements sont doublés ; la République, qui s'est installée pour faire cesser cet abus, a trouvé plus habile d'en profiter. — Et j'affirme que ses largesses ne sont pas allées d'ordinaire à la probité, à l'honneur, au talent, au désintéressement.

Le *Journal officiel* ne mentionne, pour la plupart des administrations, que le choix des plus hauts fonctionnaires, et laisse ainsi ignorer au public bien des disgrâces imméritées, bien des nominations fort mal justifiées.

Nous avons eu cependant la satisfaction d'apprendre l'élévation à un poste diplomatique d'un « retour de Nouméa », et l'Impératrice des Indes a daigné agréer M. Challemel-Lacour comme le plus digne représentant de la République Française à Londres.

D'un autre côté, toute la presse a fait connaître les révocations de braves officiers de l'armée territoriale coupables, les uns, de longs et bons services dans l'armée active, les autres, de glorieux faits d'armes dans la dernière guerre : ceux-ci, de sentiments politiques exprimés en dehors du temps des exercices et des manœuvres, ceux-là, de convictions religieuses condamnées par la nouvelle consigne.

N'insistons pas sur les préfectures et sous-préfectures peuplées de fonctionnaires à la hauteur du ministère qui les nomme et des comités qui les surveillent. Mais arrivons à la magistrature et aux finances. Quelques chiffres suffiront, et vaudront mieux que de longues phrases pour juger le nouveau système d'« épuration. »

Ce que l'*Officiel* ne mentionne pas, c'est le motif de la révocation, du déplacement, de la nomination, de l'avancement. Ne vous creusez pas la tête pour le découvrir ; tout se fait pour la plus grande gloire de l'idée républicaine, pour la satisfaction des appétits républicains, par ordre du comité républicain, sur la proposition du député républicain, en récompense de services rendus dans la dernière période électorale, ou pour préparer l'élection prochaine. Si vous recherchez le savoir, les connaissances acquises, l'expérience des affaires, le dévouement à la chose publique, on vous dira que vous perdez votre temps et les malins vous riront au nez. Il s'agit bien de tout cela ; le fonctionnaire qui arrive, a tant de temps pour se repaître; et, le temps échu, il doit céder la place à la *vache maigre*.

Il n'y a que 26 sièges de procureurs généraux dans toute la France. Eh bien! On a trouvé le moyen de nommer, dans ces trois dernières années, 34 nouveaux procureurs généraux. C'est, comme on le voit, une position fort instable que nous ne conseillons guère.

Pour les procureurs de la République, le chiffre des révocations a été de 43 sous M. Le Royer, de 47 sous M. Cazot; et sous cet affreux « seize mai », le bouc émissaire de la République, ce chiffre avait été de 8. Vous avez bien lu : 8.

C'est au tour des avocats généraux et des substituts.

En 1877, 7 seulement ont été révoqués ; mais M. Le Royer en a exécuté 32, et M. Cazot 159. Il est vrai que M. Cazot enfonce les portes ouvertes et révoque les démissionnaires : on sait pour quelle cause.

Spectacle étrange ! tous les hommes de talent et de caractère ont fièrement déchiré leur robe de magistrat, en présence des ordres du ministre transmis par les préfets ; toute la France honnête et libre a applaudi à cette conduite chevaleresque... Et l'on nous répète, chaque jour, que les places sont en République aux plus dignes. Il y a là un point à éclaircir, ou plutôt c'est une nouvelle duperie pour les naïfs !

Mais, le duc de Broglie, dites-vous, a nommé 16 avocats, substituts : n'aurait-il pas plutôt dû proposer des juges suppléants ou des attachés du parquet ? — C'est la paille que l'on voit dans l'œil du 16 mai. MM. Le Royer et Cazot ont une poutre qui les empêche de voir les 195 avocats nommés par eux et l'avoué de Nîmes choisi en sa qualité de Nîmois !

Pauvres juges de paix, victimes de la réaction, ils ont relevé 145 des leurs, tombés sur le champ de bataille du gouvernement dit de combat. — Mais veuillez songer que MM. Dufaure, Le Royer et Cazot en ont sacrifié 427. Et en additionnant les révocations, les appels à d'autres fonctions, les démissionnaires et les retraités, vous arriverez au modeste chiffre de 1040 juges de paix mis à la porte, sous les trois derniers ministères républicains.

Ce qu'il y a d'hommes indignes en France est vraiment incalculable!! Et notre statistique donnera à l'étranger une bien triste idée de la moralité de notre magistrature !

Nous allions oublier de vous dire que les modestes juges de paix comptent 3.690 collègues, que les trois derniers ministres de la justice « républicaine » ont fait voyager du Nord au Midi par... économie et pour raisons de santé !

Chose cruelle a dire ! M. le garde des

sceaux n'a pas encore *sa* magistrature *à lui*, autant qu'il le voudrait. M. Cazot a commencé, Danton achèvera.

Si vous n'êtes pas trop écœurés, et que vous ayez une curiosité permise à des contribuables, nous passerons au ministère des finances, où M. Wilson, ne pouvant gérer sa fortune (on a prétendu qu'il avait un conseil judiciaire), passe son temps à faire des choix politiques. Entre le 14 décembre 1877 et le 20 septembre 1880, sur 86 trésoriers-payeurs généraux, il y a eu 154 mutations : sur 276 receveurs particuliers, 481 mutations ; sur 5.265 percepteurs, 981 nominations nouvelles et 3.417 mutations !

La curée a été complète ; les affamés doivent être repus. — Tous les services sont désorganisés, la politique a tout envahi, le mérite est banni, la faveur l'emporte!... Et l'on dira encore que la République donne à ses fonctionnaires la dignité et la sécurité dans le travail, l'avancement au mérite et les places aux plus dignes !

Chaque nouveau ministère républicain

traîne à sa remorque une nuée de solliciteurs dont les mérites éclipsent les talents appréciés par le ministère qui vient de tomber. Il faudra toujours recommencer *l'épuration.*

Cela ressemble à s'y méprendre au branlebas que tous les Parisiens remarquent à chaque fin de terme : les anciens locataires déménagent et descendent tous leurs meubles sur la rue ; les nouveaux s'installent, et ne manquent pas d'exiger des modifications et des améliorations que le propriétaire, nous dirons ici l'Etat, s'empresse d'accorder.

Et c'est *cela* que l'Europe nous envie !!

La République garantit toutes les libertés.

De toutes les libertés nécessaires, pour parler le langage de M. Thiers, une seule nous semble mériter ce titre sans conteste — par la raison qu'elle les garantit toutes, qu'elle en est le principe et la sauvegarde — nous voulons parler de la liberté religieuse.

Toute atteinte à la liberté des consciences, toute insulte à la religion, enlève au peuple qui les tolère une somme de liberté égale à la gravité de l'attentat souffert.

Ce principe admis, il est trop visible que la campagne anticléricale entreprise par les francs-maçons, ministres de la République, mène à la servitude par le chemin le plus court.

La liberté de la presse, qui châtie sévèrement l'offense au président de la République et permet l'insulte à Dieu, est un non sens que la justice humaine devra consacrer par ses arrêts, mais qu'elle ne pourra justifier. Ne parlons point de cette liberté !

Le droit de réunion n'a d'efficacité que s'il conduit au droit d'association. — Et qui oserait soutenir que les hommes de prière, de prédication, d'enseignement, de charité doivent seuls être privés de ce droit, dont ils font particulièrement apprécier la valeur ?

— C'est cependant la thèse soutenue par le parti républicain, au nom de l'Egalité et de la Liberté. C'est l'explication des décrets, des arrêts du tribunal des conflits, des décisions du conseil supérieur de l'instruction publique. Une robe blanche, brune, ou noire, prive l'homme qui la porte de ses droits de citoyen ! On sonde les consciences, on veut y lire les vœux qui n'engagent que dans le for intérieur ! Enfin, après avoir brisé le lien de l'association, on maintient pour chaque individu la privation du droit qu'on refusait à la communauté !

Une école libre, il est vrai, peut encore parfois se constituer; et les Frères ont, *jusqu'à ce jour*, le droit d'enseigner. Qui donc oserait le leur enlever ? Le Frère de la Doctrine chrétienne a opéré, dans le cours du XIX⁰ siècle, une révolution bien autrement salutaire que la révolution de 1789. Il a planté au sein de notre société un drapeau que le peuple protège et qu'il ne laissera pas abattre. Dans les plis glorieux de cet étendard, s'abrite la liberté du père de famille avec la foi de ses enfants !

Mais voilà que partout où l'administration se vante d'être républicaine, les Frères sont chassés de l'Ecole communale. République n'est donc point synonyme de liberté ! toute concurrence lui fait peur. Pour ruiner l'enseignement chrétien, tous les moyens lui sont bons — nous en savons déjà quelque chose !

Et cependant, il faut le dire, ce despotisme bête n'en est encore qu'à ses premiers essais ; il ira bien plus loin. Sur le terrain glissant où la secte s'est engagée, rien ne l'arrêtera. Les protestations l'ont aigrie, la soumission l'enhardirait ; un décret en appelle un autre, les fautes mènent aux crimes !

Quand les religieux sont proscrits, le clergé peut compter les mois qui le séparent de la persécution.

Dans le défilé des martyrs de toutes les révolutions, les moines sont en tête ; les prêtres les suivent de près ; le peuple, à son tour, paie de la vie ses fatales illusions ; le dernier sang qui coule est celui des bourreaux. Ainsi marche la justice, lentement, mais sûrement !

La République honore la Religion.

Cette belle parole est tombée des lèvres du solitaire de l'Elysée, au retour de son excursion à Cherbourg; et, pour en donner une preuve immédiate, M. Grévy a décoré un respectable curé, qui n'avait rien dit de ce que l'Agence Havas lui a fait dire.

Vous savez tous que les marins sont naturellement religieux ; le gouvernement a jugé bon de lancer un navire à Cherbourg, sans le faire bénir par le clergé de la ville.
— C'est pourquoi la République honore la religion.

Pendant l'infâme exécution des iniques décrets, les commissaires ont mis sous les scellés le Dieu de l'Eucharistie et ont interdit de le laisser rentrer processionnellement dans l'église paroissiale. Tous les agents du pouvoir ont osé mettre la main sur les religieux et ont ri de l'excommunication. C'est ainsi que nos maîtres honorent la religion.

Le préfet Hérold enlève en plein midi, à Paris, les statues de la Vierge et des saints, et arrache tous les crucifix des écoles. L'exemple de ce forfait, que la Commune n'avait pas commis, encourage les malfaiteurs d'Amiens et d'autres lieux. Et la religion est de plus en plus honorée.

Est-ce encore pour grandir le prestige de la religion, que les aumôniers militaires sont supprimés ?

Est-ce toujours dans le même but, que nos législateurs astreignent les séminaristes au service militaire, et rendent ainsi comme impossibles le recrutement et la formation du clergé ?

Sans doute, la religion est en honneur, puisqu'à l'école elle est rayée du programme de l'enseignement, qu'on lui fait moins de place dans les loisirs de l'élève qu'à un art d'agrément, et que l'idéal du maître, selon le cœur de M. Jules Ferry, est de ne rien laisser paraître au dehors de ses sentiments intimes, si *par malheur* il est chrétien !

Evidemment, c'est aussi par respect pour

la religion, que revenant aux plus mauvais jours de la Terreur, et infirmant la loi si sage de 1804, qui avait affecté à chaque culte un lieu d'inhumation particulier, la chambre actuelle établit la promiscuité des sépultures, veut que l'incroyant soit enterré à côté du fidèle, et décrète ainsi la profanation de tous les cimetières catholiques !

Mais qu'est-il besoin de continuer ?

Tous ces attentats sont la réfutation des promesses mensongères de la République. Voilà les ruines amoncelées depuis trois ans seulement ! Bien d'autres crimes sont décrétés dans la pensée de nos gouvernants.

Si la Révolution semble s'arrêter un moment, ce n'est pas, croyez-le bien, qu'elle ait compris son erreur fatale ; mais elle hésite à la veille des élections, et réserve à la nouvelle chambre le soin d'achever l'œuvre impie. Cette hésitation, électeurs, vous dit assez le profit que l'on fera de votre bulletin de vote....., si vous n'exigez pas le respect de votre foi méconnue.

Les Républicains sont les vrais conservateurs.

Oh ! la jolie découverte ! — Conservateurs... de quoi ?

Mon député est nommé avec les fonds de la caisse radicale, il touche un gros traitement, est demandé comme administrateur de toutes les sociétés financières qui se fondent ; il trouve sa situation très convenable et tient à la conserver : Est-ce cela ?

Tous les anciens fonctionnaires intelligents, intègres, et vieillis à la tâche, apprennent un beau matin que les jeunes *blancs-becs* ont pris leurs places, sauf à négliger toutes les affaires. Nos intrus se campent fièrement à leurs bureaux, répondent par la bouche de secrétaires compétents ; les traitements sont payés très régulièrement..., tout va bien.

La nouvelle position est décidément à conserver !

Mais, farceurs ! nous prenez-vous pour

des niais ! Pendant que vous changez vos habits rapés contre des vêtements brodés, que vous emplissez de titres et de valeurs vos portefeuilles vides, que deviennent les grands intérêts sociaux ? Comment consolidez-vous les fondements de la société nouvelle ?

La liberté individuelle, la liberté d'écrire, la liberté d'enseigner, la liberté de réunion, la liberté d'association sont pour vous des statues bonnes à meubler le musée des antiques.

La religion, la famille, l'armée, la magistrature sont attaquées, menacées ; et vous y prêtez la main, républicains dits conservateurs.

Il n'y pas une pierre de l'édifice social que vous ayez laissée en place !

Vous avez le droit vraiment d'être fiers de votre œuvre ! Et il vous sied bien de vous moquer de nos pensées de réforme en nous traitant de révolutionnaires !

Mais quoi ! voici une maison qui croule ; la restaurer serait ruineux et impossible ; qu'ai-je à faire, sinon à en reconstruire une nouvelle ? — Mon cheval est atteint de la morve ; il menace de communiquer sa maladie à toute mon écurie. Ai-je bien tort de l'abattre ?... En agissant de la sorte, je fais tout simplement acte de propriétaire prudent et avisé.

La France, aujourd'hui, est une maison en ruines, et le Gouvernement y entretient la peste. Sont-ils de vrais conservateurs, ceux qui font et ordonnent le silence sur le péril d'une telle situation, qui laissent grandir chaque jour le danger, et qui n'ont peur que de la crise....., d'où surgirait la vie ?

Eh bien ! dormez dans vos illusions, bonnes gens, qui ne voulez rien prévoir ! Les murs craquent et se lézardent de tous côtés..... Vous vous réveillerez au bruit de leur chute et dans la poussière des décombres !

Je ne dis rien que tout le monde ne sache.

Après quelques années de votre gouvernement de « conservateurs » républicains, ce sera la liquidation sociale, la banqueroute financière et morale !

Conclusion.

Depuis onze ans, la France tourne dans un cercle vicieux. De peur d'une révolution, elle s'en va fatalement à une nouvelle Commune, qui pourra se dire légale. Par amour de la paix, elle se jette dans les bras du fou furieux de 1870, dont la politique occulte mène à la guerre européenne. Au nom de la liberté commerciale et du libre échange, elle subit un régime économique qui ruine l'agriculture ; au cri de « vive la liberté ! » elle assiste à l'expulsion des congrégations, à la fermeture des établissements d'enseignement qui déplaisent à M. Ferry, à l'arrestation des défenseurs de la liberté religieuse, aux poursuites incessantes contre les journaux anti-opportunistes. Au nom de la fraternité, la France voit séparer les citoyens en deux catégories : les incapables, que l'on rétribue et qu'on élève, et les intelligents, que l'on repousse — les condamnés, que l'on amnistie, et les citoyens vertueux, que l'on envoie en exil ou en prison.

Nous voulons tous la stabilité, l'ordre, l'économie et la grandeur de la patrie.

Eh, bien ! la stabilité en république....., c'est M. Thiers, puis M. le maréchal de Mac-Mahon, puis M. Grévy, et bientôt, si nous n'y prenons garde, M. Gambetta ; et chacun de ces présidents a eu et aura sa politique différente, sur les affaires intérieures et extérieures.

L'ordre républicain..., c'est le bouleversement de toutes les administrations, les ovations faites aux amnistiés, le retour triomphant d'un Rochefort ou d'une Louise Michel, les émeutes dans les écoles et dans les lycées, l'interdiction des processions et la marche avec bannières de tous les coryphées de la franc-maçonnerie, allant vénérer le grand pontife Hugo.

L'économie républicaine..., c'est le budget grossissant tous les ans et préparé dans le secret d'une commission dont les représentants de 3.000.000 d'électeurs sont exclus systématiquement ; c'est l'impôt consolidé, toujours à la hausse, jamais à la baisse.

La grandeur de la patrie,... c'est le dernier souci d'un gouvernement d'aventure qui n'a pas compté les milliards et les provinces, quand il s'est agi de s'installer, et qui ne les marchanderait pas davantage, s'il pouvait ainsi s'éterniser au pouvoir.

Que faut-il pour renverser ce gouvernement?

Le laisser suivre la pente sur laquelle il glisse, sans vouloir, ni pouvoir se retenir. Le devoir des conservateurs n'est pas de renverser les gouvernements, mais de prévoir leur chute, et de tenir prête la demeure stable, qui doit remplacer l'abri dangereux et provisoire qui s'effondre.

C'est à préparer cette demeure hospitalière que nous venons vous convier, ouvriers des campagnes et des villes, commerçants et bourgeois. Cette demeure, il nous la faut assez spacieuse, pour que tous nous puissions y vivre à l'aise — assez commode, pour que nous nous y plaisions — assez solide, pour que nous n'ayons plus qu'à l'orner.

Quel en sera l'architecte ? quels en seront les ouvriers ?

Certains d'entre vous rêvaient de reconstruire un palais impérial. Le jeune Prince, tué glorieusement en Afrique, avait des qualités toutes françaises, qui vous le faisaient souhaiter comme le grand ordonnateur d'une restauration impériale. La mort soudaine de l'héritier de Napoléon III a déconcerté les projets humains ; et les hommes politiques n'ont pas le droit d'oublier leur patrie, pour s'ensevelir dans leur douleur.

En gardant fidèlement au fond du cœur le souvenir du Prince sitôt ravi à leur amour, les anciens bonapartistes doivent à sa mémoire plus qu'un tribut d'hommages ; ils sont tenus de relever la France, que Napoléon IV avait voulu forte et chrétienne.

Cette fidélité à la mémoire du Prince gardera les Impérialistes de la tentation de reporter sur le Prince Napoléon des sympathies dont il s'est rendu à jamais indigne. Le Prince rouge, le 363, a tué sa dynastie, et a du même coup reporté la lutte des partis entre la république et la royauté.

Je fais grâce à mes lecteurs des insanités répandues à profusion sur le compte de la monarchie traditionnelle et nationale.

La France est lasse des divisions ; elle n'accepterait pas un roi d'un parti, mais elle attend le Roi de France. Monseigneur le comte de Chambord appelle tous les hommes de bonne volonté, et réclame le concours de tous les ouvriers pour refaire l'édifice social ; les derniers venus ne seront interrogés sur leur passé, que pour y trouver l'occasion de nouvelles faveurs, en raison de l'empressement qu'ils mettront à offrir leurs loyaux services. Car le Roi n'a pas d'injures à venger, et ne demande qu'à travailler au relèvement de sa patrie.

Depuis 1830, nous l'avons condamné à l'exil ; a-t-il fait entendre une plainte sur notre ingratitude ? n'a-t-il pas, au contraire, compati à toutes nos douleurs et partagé toutes nos souffrances ?

Seul, le comte de Chambord ramènera *la paix,* parce qu'il aura les alliances de famille; et que la France, replacée dans sa voie, en imposera de nouveau à tous les souverains, dont la révolution ébranle les trônes. Il rendra *la prospérité*, parce que son pouvoir sera durable; avec lui la confiance renaîtra, le travail national sera protégé, l'agriculture honorée et dégrévée d'impôts. *La liberté* refleurira, parce qu'elle est un droit pour les nations chrétiennes, parce que le Roi est avant tout l'homme de son temps, et qu'il partage les nobles aspirations de son pays.

La foi et la charité enfanteront de nouveaux prodiges; et le pauvre peuple bénira le prince qui rendra l'honneur au foyer domestique, la paix aux consciences, la liberté au père de famille, le crucifix à l'école, l'aumône à tous les malheureux, le prêtre et la religieuse aux mourants, sans qu'il soit besoin, pour opérer cette heureuse transformation, de la domination du clergé, cet épouvantail forgé par la franc-maçonnerie.

En dehors de la monarchie légitime, nous avons tout essayé, sans parvenir à rien fonder de durable : tant nous avons le tempérament monarchique !

Seul, Monseigneur le comte de Chambord a deux puissants leviers pour soulever la France, quand elle sentira le besoin de se relever : la bonté et l'honnêteté.

Tous les ouvriers qui ont eu le bonheur de se rendre à Goritz, à Frohsdorff, à Vienne, à Lucerne, à Bruges, à Anvers, partout enfin où le comte de Chambord a fait quelque séjour, savent l'accueil touchant qu'ils ont reçu de ce prince, si merveilleusement doué, si paternellement bon.

Il est vraiment de la race de Henri IV et de Louis XVI ; c'est, avant tout, le peuple qui l'attire ; et c'est pour son bonheur qu'il a renoncé à devenir le roi de la révolution.

Sa loyauté, sa franchise, son honnêteté politique lui ont conquis le respect de ses ennemis ; il est demeuré par sa conduite ce que sa naissance l'avait fait : le premier gentilhomme de France.

C'est à nous tous qu'il appartient de lui imposer les devoirs qu'il est prêt à remplir pour le salut de notre patrie.

Seul il peut nous sauver — il le doit — il le veut.

A la veille des élections législatives, il convient de nous souvenir de sa parole royale :

La parole est à la France !

Unissons-nous ; terminons nos divisions funestes, allons aux urnes voter pour les royalistes, au cri de :

Vive la France !

www.ingramcontent.com/pod-product-compliance
Lightning Source LLC
Chambersburg PA
CBHW060945050426
42453CB00009B/1132